AF437524

Memo
Book Club

This Book Belongs To:

Memo

Date :

From :

To :

Subject :

Memo
Date :
From :
To :
Subject :

Memo

Date :

From :

To :

Subject :

Memo

Date :

From :

To :

Subject :

Memo

Date :

From :

To :

Subject :

Date :

From :

To :

Subject :

Date :

From :

To :

Subject :

Memo

Date :

From :

To :

Subject :

Memo

Date :

From :

To :

Subject :

Memo

Date :

From :

To :

Subject :

Memo

Date :

From :

To :

Subject :

Memo

Date :

From :

To :

Subject :

Date :

From :
To :
Subject :

Memo

Date :

From :

To :

Subject :

Date :

From :

To :

Subject :

Memo

Date :

From :

To :

Subject :

Date :

From :

To :

Subject :

Memo

Date :

From :

To :

Subject :

Memo

Date :

From :

To :

Subject :

Date :

From : _______________________________

To : _______________________________

Subject : _______________________________

Memo

Date :

From :

To :

Subject :

Memo

Date :

From :

To :

Subject :

Memo

Date :

From :

To :

Subject :

Date :

From :

To :

Subject :

Memo

Date :

From :

To :

Subject :

Memo

Date :

From :

To :

Subject :

Memo

Date :

From :

To :

Subject :

Memo

Date :

From :

To :

Subject :

Memo

Date :

From :

To :

Subject :

Memo

Date :

From :

To :

Subject :

Memo

Date :

From :

To :

Subject :

Memo

Date :

From :

To :

Subject :

Memo

Date :

From :

To :

Subject :

Date :

From :
To :
Subject :

Memo

Date :

From :

To :

Subject :

Memo

Date :

From :

To :

Subject :

Memo

Date :

From :

To :

Subject :

Memo

Date :

From :

To :

Subject :

Memo

Date :

From :

To :

Subject :

Date :

From :

To :

Subject :

Memo

Memo

Date :

From :

To :

Subject :

Memo

Date :

From :

To :

Subject :

Memo

Date :

From :

To :

Subject :

Memo

Date :

From :

To :

Subject :

Memo

Date :

From :

To :

Subject :

Memo

Date :

From :

To :

Subject :

Memo

Date :

From :

To :

Subject :

Date :

From :

To :

Subject :

Memo

Date :

From :

To :

Subject :

Memo

Date :

From :

To :

Subject :

Memo

Date :

From :

To :

Subject :

Date :

From :

To :

Subject :

Date :

From :

To :

Subject :

Memo
Date :
From :
To :
Subject :

Memo

Date :

From :

To :

Subject :

Date :

From : ___________________________

To : ___________________________

Subject : ___________________________

Memo

Date :

From :

To :

Subject :

Memo

Date :

From :

To :

Subject :

Memo

Date :

From :

To :

Subject :

Memo
Date :
From :
To :
Subject :

Date :

From :

To :

Subject :

Memo

Date :

From :

To :

Subject :

Memo

Date :

From :

To :

Subject :

Date :

From :

To :

Subject :

Memo

Date :

From :

To :

Subject :

Memo
Date :
From :
To :
Subject :

Memo

Date :

From :

To :

Subject :

Memo

Date :

From :

To :

Subject :

Date :

From :

To :

Subject :

Date :

From :
To :
Subject :

Memo

Date :

From :

To :

Subject :

Memo

Date :

From :

To :

Subject :

Memo

Date :

From :

To :

Subject :

Memo

Date :

From :

To :

Subject :

Memo

Date :

From :

To :

Subject :

Memo

Date :

From :

To :

Subject :

Memo

Date :

From :

To :

Subject :

Memo
Date :
From :
To :
Subject :

Date :

From :

To :

Subject :

Memo

Date :

From :

To :

Subject :

Date :

From :

To :

Subject :

Memo

Date :

From :

To :

Subject :

Memo

Date :

From : ______________________________

To : ______________________________

Subject : ______________________________

Memo

Date :

From :

To :

Subject :

Memo

Date :

From :

To :

Subject :

Memo

Date :

From :

To :

Subject :

Memo

Date :

From :

To :

Subject :

Memo

Date :

From :

To :

Subject :

Date :

From :

To :

Subject :

Memo

Date :

From : ____________________

To : ____________________

Subject : ____________________

Memo

Date :

From :

To :

Subject :

Date :

From : ____

To : ____

Subject : ____

Memo

Date :

From :

To :

Subject :

Memo

Date :

From :

To :

Subject :

Memo

Date :

From :

To :

Subject :

Date :

From : ________________________________

To : ________________________________

Subject : ________________________________

The End